Inhalt

Bodenschutz - eine Sache der EU?

Kernthesen

Beitrag

Fallbeispiele

Weiterführende Literatur

Impressum

Bodenschutz - eine Sache der EU?

I.Zeilhofer-Ficker

Kernthesen

- Die EU-Kommission hat 2007 erstmals eine Richtlinie zum Bodenschutz für alle EU-Mitgliedsstaaten vorgelegt.
- In Deutschland gibt es bereits seit 1998 ein detailliertes Bodenschutzgesetz, das von vielen Politikern als ausreichend erachtet wird.
- Von einer Sperrminorität der Umweltminister Deutschlands, Frankreichs, Österreichs, Großbritanniens und der Niederlande wurde die EU-Richtlinie im Dezember 2007 aus grundsätzlichen Erwägungen heraus zurückgewiesen.

Beitrag

Der Boden spielt als Quelle für unsere Nahrung, als Grund für unsere Häuser und als Grundlage jeglicher industrieller Produktion eine wichtige Rolle. Deshalb muss er vor Verunreinigung, Verödung und Versiegelung weitgehend geschützt werden. Die EU-Kommission möchte diesen Schutz nun durch eine Richtlinie verankern.

Bodenschutz in Deutschland

Bis weit in die 80er Jahre hinein wurden Abfälle von Haushalten und Kleinbetrieben von den Gemeinden gesammelt und in teilweise riesigen Deponien eingelagert. Das Bewusstsein fehlte fast vollständig, dass von diesen Mülldeponien oder auch von Tankstellen oder Chemischen Reinigungen eine Gefahr für den Boden und das Wasser ausgehen könnte. Nachdem 1983 eine erhebliche Dioxinbelastung auf einer Hamburger Mülldeponie festgestellt wurde, begannen einige Bundesländer Gesetze und Regelungen zum Bodenschutz zu erlassen.

Im März 1998 folgte dann das Gesetz zum Schutz vor schädlichen Bodenveränderungen und zur Sanierung von Altlasten (Bundes-Bodenschutzgesetz BBodSchG), das den Bodenschutz bundeseinheitlich regelt. Das Bundes-Bodenschutzgesetz nennt sowohl Pflichten zur Vorsorge, Gefahrenabwehr und Entsiegelung sowie umfassende Vorschriften zum Umgang mit Altlasten. Im Speziellen wird auf die Altlasten-Sanierung eingegangen. In der Folge entstanden weitere Gesetze und Verordnungen, die beispielsweise die Deponierung von unbehandelten Abfällen konsequent verbieten und den Umgang mit gefährlichen Stoffen mit umfangreichen Umweltschutzauflagen koppeln. (1)

Zum Erbe der Bundesrepublik aus der Wiedervereinigung gehören weitläufige, veraltete Industriegebiete, die sich teilweise als hochgradig verseucht herausstellten. Die Sanierung, also Entgiftung dieser Gebiete erwies sich nicht nur aus Gründen des Gesundheitsschutzes für die Anlieger als erforderlich, sondern auch, um eine weitere wirtschaftliche Nutzung überhaupt zu ermöglichen. Den Vorschriften des BBodSchG folgend wurde mit der Sanierung begonnen. Diese Arbeiten trugen zu umfangreicher Forschung und Entwicklung zum Thema Altlastensanierung bei. Die dabei gewonnenen wichtigen Erkenntnisse führten zur Entwicklung neuer Sanierungsmethoden, die mittlerweile nicht nur in Deutschland eingesetzt werden. Ein reger Erfahrungs- und Wissensaustausch mit Experten in europäischen Nachbarländern wurde eingeleitet und trägt ebenfalls Früchte. (2), (3), (6)

Das BBodSchG schreibt als weitere Vorsorgemaßnahme nachhaltige Anbaumethoden zur Erhaltung der Bodenqualität vor. Da somit sowohl die Vor- als auch Nachsorge zum Schutze des Bodens umfassend geregelt ist, herrscht die politische Meinung vor, ein europaweit einheitliches Gesetzeswerk sei nicht notwendig. Ja, im Gegenteil, man sieht das Subsidiaritätsprinzip verletzt. Außerdem befürchtet man einen unverhältnismäßig hohen bürokratischen Aufwand, der extrem hohe Kosten verursachen könnte. (4), (7)

Die abgelehnte EU-Richtlinie

Die Basis der EU-Bodenschutzrichtlinie ist von der des BBodSchG nicht wesentlich verschieden. Auch hier ist der Schutz des Bodens als nicht erneuerbare Ressource die Begründung, als Ziel wird die Erhaltung der Bodenfunktionen bzw. deren Wiederherstellung genannt. Acht Hauptgefahren für den Boden wurden identifiziert: Erosion, Verlust organischer Substanzen, Verunreinigung, Versalzung, Verdichtung, Rückgang biologischer Vielfalt, Versiegelung sowie Erdrutsche und

Überschwemmungen. Mit einer EU-einheitlichen Richtlinie möchte man vor allem Wettbewerbsunterschiede ausräumen. Denn nur in 9 der 26 Mitgliedsstaaten gibt es überhaupt eine Bodenschutzgesetzgebung, in den restlichen Ländern sind kaum Vorschriften zu beachten. Da vor allem südliche Länder vermehrt von Erosion und der Verschlechterung der Bodenqualität bedroht sind, will man durch eine einheitliche Gesetzgebung dieser Bedrohung entgegenwirken. (5), (6)

In vielen Bereichen entspricht die EU-Richtlinie dem BBodSchG. Vor allem die Begründung, Zielsetzung und der Maßnahmenkatalog ähneln sich sehr. In der Kritik ist allerdings die Anforderung, dass Risikogebiete anhand einer einheitlichen Methode bestimmt und in eine gemeinsame EU-Liste eingetragen werden sollen. Für verunreinigte Standorte ist ein Verzeichnis anzufertigen. Außerdem wird ein Bodenzustandsbericht verlangt, wenn ein potenziell verunreinigtes Grundstück verkauft wird. Für tatsächlich verunreinigte Flächen muss ein Maßnahmenprogramm erstellt werden. All diese Listen und Programme müssen in fünf- bis zehnjährigen Intervallen aktualisiert werden. (5)

290 Millionen Euro soll die Durchführung der EU-Richtlinie jährlich kosten. Die EU-Politiker halten diese Kosten für angemessen und rechnen die

Folgekosten für eine Bodenverschlechterung dagegen, die pro Jahr im schlimmsten Fall bis zu 38 Milliarden Euro betragen könnten. Denn immerhin zwölf Prozent des europäischen Festlands sind von Wassererosion, vier Prozent von Winderosion betroffen. 45 Prozent aller Böden enthalten nur geringe bis sehr geringe Mengen an organischen Substanzen und 500 000 Standorte sind von gefährlichen Stoffen verunreinigt und müssen saniert werden. (5), (8), (11)

Diese Fakten werden nicht bestritten. Doch die ablehnenden Staaten befürchten, dass über die EU-Bodenschutzgesetzgebung die Basis dafür geschaffen werden soll, die Sanierung von Altlasten und die Verbesserung der landwirtschaftlichen Nutzflächen durch EU-Gelder zu finanzieren. Auf diese Weise würden die Kosten für die bisherigen Versäumnisse im Bodenschutz der hauptsächlich süd- und osteuropäischen Staaten der Gemeinschaft aufgebürdet. Die Bundesrepublik als einer der Hauptzahler in die EU-Kassen wäre davon stark betroffen. Durch die Ablehnung durch die sechs Umweltminister ist dieser Plan vorerst gestoppt worden. (4), (9), (10)

Fallbeispiele

Die Sanierung von kontaminierten Standorten kann auf verschiedene Art und Weise durchgeführt werden. Hier zwei Beispiele innovativer Verfahren.

Ist ein Boden mit Lösemitteln oder Mineralölkohlenwasserstoffen verseucht, so versucht man die Schadstoffe über die Absaugung und anschließende Reinigung der Bodenluft zu entfernen. Dies ist ein langwieriger und teurer Prozess. Durch die Aufheizung des Bodens bzw. der Bodenluft wird der Prozess beschleunigt und auch schlecht durchlässige Böden können schneller und zuverlässiger gereinigt werden. Durch das ThermoAir-Verfahren konnte beispielsweise ein mit BTX belastetes Grundstück im Raum Karlsruhe innerhalb von nur sechs Wochen soweit saniert werden, dass die Tiefbauarbeiten für einen geplanten Gewerbepark begonnen werden konnten. Bei einer kalten Bodenluftabsaugung war eine Sanierungsdauer von eineinhalb Jahren geschätzt worden. (12)

Eine Lebensgemeinschaft von Mikroorganismen mit keramischen Teilchen, Biopolymeren und Mikronährstoffen hat sich als Sanierungsmethode zum Abbau von organischen Schadstoffen und gesättigten Verbindungen bewährt. Das Produkt reacre ist frei von reizenden oder gefährlichen Stoffen und für Menschen, Tiere und Pflanzen unbedenklich. Der Boden wird mit dem Mikroorganismen-Gemisch geimpft und die Organismen beginnen sofort mit dem biologischen Abbau der Schadstoffe. Dieses Verfahren eignet sich vor allem für Bereiche, bei denen ein Bodenaustausch nicht durchführbar ist. Der Kostenaufwand für dieses Verfahren ist relativ gering. (13)

Weiterführende Literatur

(1) O.V., Gesetz zum Schutz vor schädlichen Bodenveränderungen und zur Sanierung von Altlasten (Bundes-Bodenschutzgesetz BBodSchG), 17.03.1998
aus taz, 27.07.2007, S. 8

(2) Trans-IT tagte in Berlin Deutsch-italienische Konferenz zum Technologietransfer in der Altlastensanierung
aus TerraTec, Heft 11-12/2007, S. 3

(3) Deutsch-italienische Kooperation Zeitz wird Modellstandort für die Nachnutzung kontaminierter Industriestandorte
aus TerraTec, Heft 03-04/2007, S. 4

(4) Bodenschutzrichtlinie blockiert
aus Ernährungsdienst 97 vom 22.12.2007 Seite 002

(5) O.V., Richtlinie des Europäischen Parlaments und des Rates zur Schaffung eines Ordnungsrahmens für den Bodenschutz und zur Änderung der Richtlinie 2004/35/EG, 22.9.2006
aus Ernährungsdienst 97 vom 22.12.2007 Seite 002

(6) Gute Nachbarschaft Bayerisch-Österreichisches Symposium 2007 verknüpfte Bodenschutzpolitik und technische Belange
aus TerraTec, Heft 07-08/2007, S. 6

(7) Widerstand gegen EU-Pläne
aus Süddeutsche Zeitung, 21.12.2007, Ausgabe Deutschland, Bayern, München, S. 19

(8) "Wir müssen rechtzeitig gegensteuern"
aus Ernährungsdienst 84 vom 07.11.2007 Seite 002

(9) EU will verseuchte Böden retten
aus Handelsblatt Nr. 193 vom 08.10.07 Seite 6

(10) Krasser Widerspruch zum Bemühen um Bürokratieabbau - Massiver Widerstand zu erwarten - Schreiben an die zuständigen Europaabgeordneten
aus Agra-Europe (AgE), 48. Jahrgang Nr. 41 vom 08.10.2007

(11) Mitteilung der Kommission an das Europäische Parlament, den Rat, den Europäischen Wirtschafts- und Sozialausschuss und den Ausschuss der Regionen Thematische Strategie für den Bodenschutz, 22.09.2006

aus Agra-Europe (AgE), 48. Jahrgang Nr. 41 vom 08.10.2007

(12) Verkürzte Sanierungsdauer Thermische Bodenluftabsaugung mit dem innovativen ThermoAir-Verfahren
aus TerraTec, Heft 09/2007, S. 11

(13) Innovative Wege in der Altlastensanierung Biophysikalisches Hightechprodukt bewährt sich beim Abbau besonders hartnäckiger Schadstoffe
aus TerraTec, Heft 10/2007, S. 15

Impressum

Bodenschutz - eine Sache der EU?

Bibliografische Information der deutschen Nationalbibliothek

Die Deutsche Nationalbibliothek verzeichnet diese Publikation in der deutschen Nationalbibliografie; detaillierte bibliografische Daten sind im Internet über http://dnb.d-nb.de abrufbar.

ISBN: 978-3-7379-1483-3

© 2015 GBI-Genios Deutsche Wirtschaftsdatenbank GmbH, Freischützstraße 96, 81927 München, www.genios.de

Alle Rechte vorbehalten. Dieses Werk ist einschließlich aller seiner Teile – z.B. Texte, Tabellen und Grafiken - urheberrechtlich geschützt. Jede Verwertung außerhalb der Grenzen des Urheberrechtsgesetzes bedarf der vorherigen Zustimmung des Verlags. Dies gilt insbesondere auch für auszugsweise Nachdrucke, fotomechanische Vervielfältigungen (Fotokopie/Mikroskopie), Übersetzungen, Auswertungen durch Datenbanken oder ähnliche Einrichtungen und die Einspeicherung und Verarbeitung in elektronischen Systemen.